Floraison

Dieu est la Lumière, nous en sommes le
SPECTRE

ORDAINED &
–ANOINTED–
DUANE HAYNES

DUANE HAYNES

Ambassadeur de l'American Biographical Institute

SWEETSPIRE LITERATURE
— MANAGEMENT —

DÉDICACE

*J'aimerais remercier tous les amis qui
m'ont soutenu et aidé à élaborer ce
recueil de poèmes.*

Que la paix vous accompagne toujours.

*Les poèmes sont également disponibles sur iTunes et
Spotify. Illustration: jgpurestudios.com*

Votre ami à jamais

TABLE DES MATIÈRES

CECI TE CONCERNE

Tu me demandes pourquoi je suis tel que je suis.

C'est le chemin que j'ai choisi qui m'a fait ainsi.

Si l'on défend quelque chose, on devient quelque chose.

Mais si l'on ne défend rien, on ne devient rien.

Si on croit en quelque chose, cette croyance devient notre force.

Mais si on ne croit en rien, alors un rien peut nous abattre.

Ce en quoi on croit nous fait tels que nous sommes.

La vie n'est pas notre façon d'être, mais notre façon d'être est la vie.

Car ce qu'un homme aura semé, il le moissonnera aussi. (Galates 6:7)

Qui fait le bien, le bien viendra à lui.

Qui fait le mal, le mal viendra à lui.

Telle est la loi, tel est le cercle de la vie.

Toute action appelle sa réaction.

Tu es tel que tu es car tu l'as choisi.

Il n'y a pas d'autre réponse.

N'observe pas ce qui t'entoure pour en voir la laideur.

Observe ton monde intérieur et vois-en la beauté.

Si tu blâmes le monde pour ce que tu es, tu perdras.

Change ta façon d'être dans le monde et tu gagneras.

Recherche la vérité et apprends Sa parole.

Et si ton but est de te comprendre toi-même, regarde dans le miroir et dis-toi ce que tu y vois vraiment.

Ta quête s'arrêtera là.

Trouve cet amour en toi, là où il a toujours été.

Car il ne te restera que cela à la fin.

Car à tout moment, tu seras tout ce que tu es devenu.

Dans les moments les plus difficiles où tu auras besoin de cette force pour t'en sortir,

Tu n'auras besoin que de tout ce que tu es devenu.

TOI-MÊME

Regarde autour de toi et vois toute la
beauté qu'offre la vie.

Regarde, et vois la nature dans toute sa
splendeur, si calme, si tranquille, une
splendeur à elle seule.

Regarde par-delà les montagnes et vois l'oeuvre de
Dieu, de la terre au ciel, à perte de vue.

De ses mains, il a façonné les montagnes,
planté les arbres, donné des couleurs aux
fleurs et nourri la terre d'eau.

Maintenant, regarde en toi, vois la
beauté que Dieu t'a donnée.

Il ne t'a rien donné qui puisse te blesser
ou t'humilier.

Il t'a donné toute la beauté dont tu
pouvais rêver.

Vois ton sourire, la couleur de tes yeux,
tes cheveux et la douceur de ta voix.
Ta peau, sa douceur, ton corps, sa force.

Conserve-les, prends soin de toi.
Aime tout ce qui te compose et te définit.

Dieu les aime, il t'a créé, mets tes talents à
bon usage car ce sont tes dons.

Ne laisse personne te détourner de ta beauté
et l'enlaidir.

Il est laid, le cœur qui ne s'ouvre
pas à l'amour ou au bonheur.

Marche fièrement, la tête haute et
les épaules droites.

Ne laisse plus les autres te donner ta beauté,
ce qu'ils te donnent, ils s'en serviront contre
toi.

Ta beauté t'appartient, garde-la en toi et
aime-la, car elle est toi.
Réfléchis-y : comment aimer les autres si on
ne s'aime pas soi-même ?

Regarde autour de toi et vois toute la
beauté que Dieu a créée pour toi.

Maintenant, regarde en toi et vois la même
chose,
tu possèdes tellement de dons.

Dis-toi ces mots : « Je suis magnifique,
comme Dieu l'a voulu. »

DESTINATION

Je marchais sur une route un matin, et j'arrivai face à un chemin qui s'éloignait.

Regardant ce chemin, je me mis à réfléchir.

Je me dis qu'un homme avait tracé ce chemin.

Que ce chemin l'avait conduit à sa destination par la détermination à faire de son but une réalité

Mais je m'interrogeai :si je prends ce chemin, parviendrai-je à ma destination, atteindrai-je mon but ?

Au terme de ce chemin, aurai-je satisfait mes désirs, mes besoins, mes envies et répondu aux questions que je me pose sur moi-même ?

Le chemin est clair, le chemin est large, mais ce n'est pas le mien.

Sa destination n'est pas la mienne.

Son but n'est pas le mien, et je regarde le chemin et je vois la personne qui l'a tracé.

Et je l'entends m'appeler par mon nom : « Viens, viens... ».

Mais non, je me retourne et je trace mon propre chemin.

Il me mènera à ma destination et à mon but.

MOTIVATION

Un poète écrit un poème qui touche le cœur de tout le monde,
fait sourire tout le monde, sauf lui.

Un humoriste remporte le trophée de l'homme le plus drôle du monde,
et en le recevant, il ne sourit pas.

Un homme fait la course sans se soucier de gagner ou de perdre,
sans même se soucier de la course.

C'était le premier homme à escalader la plus haute montagne
et il s'en moquait, car la montagne n'était pas son objectif.

Un acteur gagne le prix du meilleur acteur, il semblait heureux ;
c'est un bon acteur.

Car tous savaient que le succès n'est rien sans
quelqu'un avec qui le partager.

NULLE PART OÙ ALLER

As-tu déjà été immensément fier

De ce que tu avais accompli ?

Et tout le monde s'en fiche…

Que faire ?

Où aller ?

As-tu déjà ressenti une

émotion profonde et puissante

au plus profond de ton cœur ?

Et tout le monde s'en fiche…

Que faire ?

Où aller ?

Personne ne t'en croyait capable

mais tu as essayé et tu as réussi.

Et tout le monde s'en fiche…

Que faire ?

Où aller ?

Tout le monde veut te voir réussir,

et tu parles de tes combats.

Et tout le monde s'en fiche…

Que faire ?

Où aller ?

Quand tu ne souris pas,

Quand tu n'es pas heureux,

Quand le soleil ne t'éclaire pas,

Et que tout le monde s'en fiche…

Que faire ?

Où aller ?

LES PETITES LARMES

Avez-vous déjà vu un faon juste après que sa mère ait été
tuée sous ses yeux par un chasseur ?

Avez-vous vu les petites larmes coulant de ses petits yeux ?

Avez-vous déjà vu des bébés canards dont la mère a été
abattue en plein vol ?

Avez-vous déjà vu les petites larmes coulant de leurs petits yeux ?

Avez-vous déjà regardé les yeux d'un chiot qu'on vient de prendre à sa mère ?

Avez-vous déjà vu les petites larmes coulant de deux petits yeux ?

Les grands bisons qui parcouraient autrefois les grandes plaines
d'une terre aujourd'hui volée

Ils allaient par centaines et furent tués par milliers.

Qui a jamais regardé les larmes des jeunes bisons
condamnés à vivre et survivre seuls ?

Qui a déjà essuyé les larmes des petits
qui ont vu leur mère mourir ?

QUI les aime quand elle n'est plus là ?

LES DERNIERS MOTS DES PHOQUES DU GROENLAND

L'homme est-il vraiment fait à l'image et à la ressemblance de Dieu ?

*Mais alors, où se situe son cœur lorsqu'il cherche
à me dépouiller de ma peau ?*

*Pleure-t-il la nuit après avoir tué des centaines de bébés tout au
long de la journée, ou le luxe a-t-il défendu ses méthodes ?*

*Avec quoi se débarrassent-ils de mon sang sur leurs
mains et de mon image dans leur esprit ?*

*Et lorsqu'ils m'entendent hurler de douleur et pleurer
de peur, qu'est-ce qui les pousse à continuer ?*

Je suis moi aussi une création de Dieu, une création à aimer et à massacrer.

*Mais ce n'est pas seulement la faute de l'homme, car si la
femme cessait de me porter, lui cesserait de me tuer.*

LETTRE À DIEU

Je fus vivant, ou est-ce la question que je dois me poser ?

Dans le sein de ma mère, je n'entendais pas l'écho des
cris parce que j'étais en train de me former.

Je ne la connaissais pas vraiment à l'époque, ni mon
père, je ne pouvais que ressentir sa chaleur.

Mes jambes commencèrent à pousser, puis mes bras à se former.

Je me demandais qui j'allais être. Je leur disais constamment :

« Je serai tout comme eux. Je serai tout comme eux.

Je les aimerai et les rendrai heureux.

Je travaillerai dur, très dur pour ma maman et
mon papa, parce qu'ils m'aiment.

Mais soudain, je sentis mon corps être tiré et déchiré.

D'abord mes jambes, puis la moitié de ma poitrine,
mon bras gauche, mon bras droit

Je souffrais et je ne pouvais pas crier

J'essayais de pleurer mais je n'avais pas de larmes.

Oh Dieu ! Oh Dieu !

Que s'est-il passé,

Qu'est devenue ma vie ?

LE MUSÉE

Sans un bruit, je suis rentré dans le musée pour
contempler des oeuvres d'art anciennes.

Sans un bruit, j'ai pris un escalier sans savoir où j'allais vraiment.

Je suis arrivé au deuxième étage, dans le silence et le froid, le froid…

Des objets sans vie et immobiles

Dans des tombes en verre qui m'évoquaient la vie d'avant.

Et j'ai songé que seuls un certificat de naissance et un certificat
de décès témoigneraient un jour de mon passage.

Je me suis avancé un peu plus dans la tombe géante, dans le silence et le froid.

Par instant, mon corps tremblait sous l'effet du froid. Le silence et le froid.

Des gardes se dressent sans vie, les yeux rivés sur
toi, dans le silence et le froid, le froid…

Des objets anciens t'observent

Regarde-les, immobile, à jamais immobile.

J'ai marché jusqu'à l'ascenseur et je suis resté là
pendant qu'il passait devant moi.

On aurait cru des esprits en transit d'un passé à l'autre.

J'ai pris l'ascenseur suivant, qui m'a emmené rapidement
et sans un bruit dans un autre passé.

La porte s'est ouverte sur un autre tombeau de silence et de froid, de froid…

Des objets anciens d'un autre pays et d'un autre passé, froids.

Ils restaient là,

froids,

vieux,

et j'essayais de donner une nouvelle vie à chacun par mes EXCLAMATIONS.

Des mannequins sans visage dans des tombes en verre dans le présent,
vêtus des habits des hommes d'une grande tribu d'autrefois.

Furent-ils grands ?

Vivaient-ils tels qu'on le dit ?

Ils ne vivaient pas pour être grands.

Ils vivaient pour vivre.

Nous disons qu'ils firent de grandes choses, parce que nos
esprits sont trop étroits pour penser autrement.

J'ai pris l'ascenseur je suis revenu au rez-de-chaussée.

J'ai pensé : « Retour au présent, retour au présent ».

Lorsque la porte de l'ascenseur s'est ouverte, je suis sorti et j'ai réalisé

Que j'arrivais dans une autre tombe, dans la mort, le silence et le froid.

Le froid…

RÉALITÉ

La réalité, nul ne veut jamais lui faire face.

Telle une image qui nous fixerait en permanence.

Elle n'est ni froide, ni chaude, ni longue, ni courte, ni grande, ni petite.

Elle n'est pas un rêve duquel on sort, ni un souhait qui se réalise.

Elle ne touche pas certaines personnes tout le temps ou tout le monde de temps en temps.

Elle n'est pas un interrupteur à actionner ou à éteindre.

Les gens ne peuvent pas faire face à la réalité parce qu'ils ne peuvent pas faire face à la vérité, à eux-mêmes.

La RÉALITÉ est ce qu'elle est : la RÉALITÉ.

LA MORT AU POÈME

Dans le monde solitaire de ta propre tombe,
tu lis mon poème, assis sur une chaise.

Mes mots mots minutieusement pesés font naître des visions
profondes dans ton esprit, tandis que tu détruis
minutieusement ce grand poème qui est le mien.

Vieux et rouges, des yeux lisent des mots morts qui reviennent à
la vie en une seconde pour mourir à nouveau.

Des pensées mélancoliques s'acheminent vers des crânes
vacants pour faire passer des idées auxquelles les cadavres
croient à nouveau.

À mesure que tu lis, la nuit s'épaissit,
les mots privés de vie se délitent jusqu'à leur dernier gardien.

Ils seront enterrés avec leur créateur, et s'enfonceront
toujours plus profondément.

LE CROYANT INTÉRIEUR

J'ai connu un homme qui rêvait que son rêve se réalise un jour.

Personne ne se souciait de savoir pourquoi il rêvait ou ne le comprenait.

Et tous se moquaient de lui.

Il restait seul avec son rêve dans un monde saturé et elle était à ses côtés.

Jour après jour, il travaillait d'arrache-pied à concrétiser son rêve.

Idées, pensées, plans, ébauches, révisions, refontes, réflexions... Réflexions.

Il essaya ceci et cela, sans résultat.

Il essaya cela et ceci, toujours sans résultat.

Mais il croyait en lui, il croyait en Dieu, et il réessaya.

Il se souvint que rien ne se construit en un jour.

Mais il faut toujours commencer par la base, et
progresser à partir de là. Petite touche par petite
touche.

Toujours des plans, ébauches, révisions, refontes, réflexions... Réflexions.

Un jour, son rêve se réalisa.

Un jour, toutes les pièces se réunirent et tout fonctionna.

Il sourit et songea à tout le travail qu'il avait
accompli pour réaliser son rêve.

Il était fier de lui et se dit :

« J'ai cru en moi, j'ai cru en Dieu et j'ai cru que je n'y arriverais pas.

C'était si facile, et pourtant si difficile.

Croire en soi et en Dieu et commencer par la base. »

CAPTURE D'UN RÊVE

J'ai connu un homme qui poursuivait le rêve qu'il apercevait par-delà l'horizon.

Il savait qu'en réalisant son rêve, il deviendrait
l'homme complet qu'il s'efforçait d'être.

Il planifiait, ébauché, cartographiait et réfléchissait
à la manière de réaliser son rêve.

Il se disait : « Un jour tu seras mien, un jour tu seras mien. »

Jour après jour, il poursuivait le rêve qu'il apercevait par-delà l'horizon.

Son rêve donnait un sens et un but à sa vie.

Un jour, il captura son rêve et le serra contre lui. Il dit au monde
: « Je l'ai fait, c'est le mien, je l'ai fait, c'est le mien. »

Il savait maintenant qu'il était complet.

Son rêve était comme une pierre dans ses mains.

Et cette pierre commença à grandir, encore et encore,
jusqu'à ce qu'il ne puisse plus la tenir.

Et il la fit tomber, ce qui a failli le tuer, et il se coucha.

Et il vit son rêve s'éloigner.

Une petite larme coula de son oeil, elle coula parce qu'il s'était rendu
compte qu'il ne pouvait pas s'accrocher à son rêve devenu réalité.

Il n'était pas prêt, et il se demandait pourquoi.

Et il savait pourquoi : son rêve ne s'était pas réalisé comme il l'avait rêvé.

C'est toujours ainsi.

RÉALITÉS D'UN RÊVE

Je rêvais d'une femme, elle était mienne, si réelle et si belle.

Sa peau, douce et lisse.

Sa voix, douce et réconfortante.

Du fond de ses yeux, une lueur me montrait la
profondeur de son âme.

Une femme entière, une femme fière.

Mais je me réveillais toujours en larmes parce que je savais que
mes rêves ne se réaliseraient jamais, c'était l'évidence.

J'ai poursuivi ce rêve à travers l'univers, dans les nuits solitaires
et froides, en essayant de capturer un rayon de soleil.

Puis, un après-midi, la réalité a traversé mes rêves et t'a déposée là.

Tu te tenais fièrement à ta place, ton sourire
réchauffant mon âme de l'intérieur.

Ta peau était douce et lisse

Ta voix était douce et réconfortante.

Dans tes yeux, j'ai vu la profondeur de ton âme. J'ai tendu la
main pour te toucher, mais quelque chose m'a arrêté.

Je ne pouvais pas ne pas te toucher, et j'ai essayé
encore et encore, mais je n'y arrivais toujours pas.

Et je ne savais pas pourquoi.

Je languis à présent dans les brumes du vide, sans un rêve auquel me raccrocher, et une réalité que je ne peux pas toucher.

Et cette pensée me vient :

Si les rêves sont ce que nous nous efforçons de rendre réel, et que la réalité est la concrétisation de nos rêves,

Alors rêve et réalité ne sont qu'une et même chose.

GUERRIER AFRICAIN

N'oublie jamais que tu ne fais qu'un avec la nature,
apprends à te connaître et à connaître Yahuah.

Comme une graine qui croît dans la terre, tu dois d'abord te
planter dans un sol solide et développer des racines solides.

Construis ta propre base, croîs de l'intérieur.

Observe l'aigle qui parcourt le ciel, parcourt la Terre.

Il traque sa proie d'en haut, et quand
le moment est venu, il plonge vers elle.

Mais n'oublie pas de t'assurer que c'est bien ce que tu désires.

Observe le chat au sol, et comment il traque sa proie en
ne lui laissant qu'une seule issue pour s'enfuir.

Et quand le moment est venu, il bondit sur elle.

Mais n'oublie pas de regarder, de regarder avant de sauter,
car lorsque le moment est venu, tout est possible, tant qu'on y croit.

Tes frères ont construit de grandes pyramides en Égypte
et accompli beaucoup de grandes choses.

Car sans eux, nous ne serions pas là.
Et sans nous, vous ne seriez pas là.

Sois fiers d'eux, sois fiers de toi, crois en toi.

Garde la tête haute comme un noble roi d'antan.
Car tu fais partie d'un grand peuple.

Tu dois te choisir une compagne qui travaillera
à tes côtés, comme tu dois travailler à ses côtés.

Elle doit agir de façon positive, tendre la main avec toi et non contre toi.

Serre-la, serre-la contre toi, car elle fait partie de toi,
comme nous faisons partie les uns des autres.

Elle est ta reine, et tu es roi.

Aime-la et elle t'aimera.

Ta maison est ton royaume, protège-la et protège ta famille.

Apprends à tes enfants à aimer la vie, à s'aimer
les uns les autres et à aimer Yahuah.

Car on n'a pas vraiment vécu tant que l'on n'a pas
aimé ; l'absence d'amour est absence de tout.

Mon fils, sois-en sûr : il ne saurait diriger les hommes,
celui qui ne peut les diriger vers leciel.

Tu es le chef de famille, dirige-la.

Tu dois te développer pour être aussi sûr que l'aigle,
aussi rapide que le chat et porter la bonté des dieux.

Car tu es comme la nature, belle en elle-même.

Sache-le, incarne-le.

Use de tes mains pour créer les belles choses que tu vois dans votre cœur.

Use de ta voix pour créer des chants, de ton corps pour créer des danses.
Partage ces dons avec le monde, ne fais qu'un avec les cieux.

Laisse l'esprit t'animer, laisse l'esprit te guider.

Car si tu ne bouge pas avec l'esprit, tu ne bouges pas du tout.

Comme les arbres qui poussent haut et fort dans la forêt, sois fort mon fils.

Efforce-toi d'être bon.

Pas parce que tout le monde le fait,
ce n'est pas la popularité d'une chose qui la rend juste.

Yahuah t'a donné le droit de choisir, mais tous tes choix ne seront
peut-être pas bons. Ils t'appartiennent.

Ne tue pas par plaisir et ne détruis pas par envie.

Plie avec le vent mais ne romps pas, et ne brûle pas
les vaisseaux qui te permettraient d'avancer.

Ne laisse pas tes désirs devenir tes besoins et efforce-toi de les satisfaire.

Faites en sorte que tes besoins l'emportent toujours sur
tes désirs et souviens-toi que les besoins du plus grand
nombre l'emportent sur ceux du plus petit nombre.

Sois sûr de tes oeuvres, tiens-toi debout et fort au milieu de ton peuple.

Vous n'êtes qu'un autre maillon d'une chaîne de grandeur

Vis pleinement ta vie,

vis chaque minute dans l'instant présent.

Sois tout ce que tu peux être.

Sois un guerrier africain.

TROUVER DIEU

À l'heure la plus grave et la plus sombre de ta vie,

lorsque tu croiras avoir tout perdu, cherche.

C'est alors que tu Le trouveras.

SOUVIENS-TOI DE MOI

Le premier jour, je dis : "Que la lumière soit ! » et la lumière fut.

Je séparai la lumière des ténèbres, et la lumière régna sur le jour,
tandis que les ténèbres régnaient sur la nuit.

Et je dis : « Cela était bon ».

Je suis l'Alpha et l'Oméga, le commencement et la fin.

Mon verbe, je le fis chair.

Je suis le buisson ardent qui appela Moïse au mont Sinaï

J'étais avec Daniel dans la fosse aux lions.

J'ai changé l'eau en sang, j'ai libéré la nation et
l'ai conduite vers la terre promise.

Avec une coupe de vin et un pain, j'ai nourri la masse des hommes.

J'ai marché sur les eaux, calmé les mers et apaisé les tempêtes.

Car, tel que tu es, j'étais, et tel que je suis, tu seras.

J'ai inspiré de grands hommes à écrire sur mes
oeuvres, que tu qualifies de miracles.

Pour que leurs enfants sachent et que les enfants
de leurs enfants sachent qui je suis.

Non pas savoir qui j'étais, car je ne fus jamais. Je suis toujours.

Shadrach, Meshack et Abednego, dans la fournaise, savaient qui je suis.

Paul savait qui je suis.

Te souviens-tu, te souviens-tu de qui je suis ?

Lorsque tu étais malade et que tu souffrais.
Lorsque tu avais l'impression de n'avoir aucune chance.

Lorsque tu étais perdu et seul, déboussolé et sans but.
Lorsque tu blessas la personne qui t'aimait et avait le plus besoin de toi.

Je le savais, je le savais.

Quand je rappelle mes enfants, je les accueille
en ma demeure et ils sont en paix.

Mais tu as abandonné, tu as cédé.

Il te suffit de venir à moi. Il te suffit de venir à moi.

Et je t'élèverai plus haut que tu n'as jamais été élevé.

Je ferai briller ta lumière sur toi, et tu scintilleras.

Et quand les incroyants verront ton éclat et ta grandeur nouvelle,
et qu'ils t'interrogeront.

Dis-leur, dis leur qui je suis.

Témoigne de moi et dis-leur, dis-leur qui je suis.

DIRECTIONS

Ce qui suit suivra, il suffit d'avoir des yeux pour voir le chemin à suivre :

Regarder la vie, observer la nature et coopérer avec elle.

Faire cause commune avec le processus d'existence.

En vivant la vie pour elle-même et en tirant du plaisir du don de l'être pur.

La vie est sa propre réponse, acceptez-la et profitez-en, jour après jour.

Vis le mieux possible, ne te contente pas d'accepter.

Ne détruis rien, n'humilie rien, ne trouve rien à redire, n'envie personne.

Laisse intact et en suspens tout ce qui est beau.

Car la vie est un don du sauveur de notre univers.

Un don qui nous est fait pour en profiter, relever ses défi

et atteindre un état de bonheur intérieur afin d'accomplir notre destin.

Nous sommes nos pensées, alors ayez toujours des pensées positives.

C'est important, très important, c'est le début.

Parce que les pensées deviennent des paroles, que votre parole soit votre lien,

Que tes paroles soient positives.

Parce que les paroles deviennent des actes et que
les actes pèsent plus que les paroles,

Que tes actes soient positifs.

*Parce que les actions deviennent des habitudes et qu'il
est difficile de se défaire de ses habitudes,*

Que tes habitudes soient positives.

*Parce que les habitudes deviennent des valeurs et que ce qu'on valorise, on
se bat pour, on le chérit, on l'adopte et on y croit, même jusqu'à la mort,*

Que tes valeurs soient positives.

*Nos valeurs sont les limites qui régissent nos
vies, et elles deviennent notre destin.*

*Si tu ne tends jamais la main, n'essaie jamais, ne regarde
jamais au coin de la rue, ne fais jamais ce pas qui permet
de grandir, tu ne sauras jamais ce qui était possible.*

Sois patient, car tout vient à ceux qui attendent dans la foi.

Ne te fie pas à ta propre intelligence, car la Sienne est plus grande.

Que ton bonheur ne vienne pas de quelque chose qui peut t'être enlevé,

Tu dois trouver sa source en toi-même

« Impossible » est un mot qui sert qu'à t'empêcher t'essayer.

Tout est possible.

Que tes défaites et tes victoires te fassent avancer dans la même direction.

*Si tu ne rie jamais, ne pleure jamais, ne rêve jamais, ne trouve jamais
la joie et n'aime jamais, tu manqueras tout le sens de la vie.*

Si tu veux quelqu'un de spécial, tu dois être quelqu'un de spécial.

Sois aimé en tant que personne, pas en tant que chose.

*Et quoi qu'il t'en coûte pour obtenir cette personne,
c'est ce qu'il faudra faire pour la garder.*

*Car il est bon de prier et de demander des bénédictions,
mais il est préférable de prier et d'être une bénédiction.*

*Lorsque l'occasion frappera à votre porte,
saisis-la avec confiance, courage et foi.*

*Ne sois jamais la cause d'une occasion perdue, saisis-la, retiens-la
et termine-la, car lorsqu'elle disparaît, c'est pour toujours.*

*Entretiens toujours la pureté de ton cœur et de ton esprit, car dans
la solitude, l'esprit s'interroge sur les profondeurs du cœur.*

Car il y a une différence éternelle entre connaître le chemin et le parcourir.

Sois ce que Dieu veut que tu sois, et non ce que tu veux être.

Reste positif et encourageant

Yahweh Shammah.

Longue vie et prospérité.

SAISONS

L'histoire nous apprend que de nombreuses grandes nations sont apparues et ont disparu, et que de nombreux grands personnages sont apparus et ont disparu ; les saisons s'en viennent et s'en vont.

Nous voyons souvent des gens accomplir de grandes choses dans la vie, et nous les envions parfois en souhaitant leur ressembler.

Nous changeons nos buts et nos rêves pour vouloir ce qu'ils ont, et nous passons notre vie à essayer de l'obtenir.

Plutôt que d'envier autrui, songe :
c'est maintenant son heure, son arbre est de saison et il porte ses fruits.

Ne l'envie pas et ne souhaite pas lui ressembler, c'est son heure, c'est sa saison.

Dis plutôt : « Brille, mon ami, et atteins tes plus hauts sommets.

Car Dieu t'a richement béni.

En Son honneur, montre que tu L'as accepté dans ta vie.

Remercie-le toujours et agis pour Lui. »

De ton côté, attends le Seigneur avec foi et en attendant, fais don de ce que tu as.

Fais don de toute la bonté et l'amour dont tu regorges.

Reconnais tes qualités et développe tes talents.

Enracine-toi dans le Seigneur et fortifie ton arbre dans Sa parole.

Bientôt, très bientôt, ton moment viendra et tu brilleras.

Ton arbre sera de saison et tu porteras tes fruits.

Ce sont tes qualités et tes talents, partage-les avec le monde et honore Dieu.

Car il est écrit : « Il est comme un arbre planté près d'un courant d'eau, qui donne son fruit en sa saison . » (Psaume 1:3)

La prophétie s'accomplira en toi et quelqu'un te dira : « Brille, mon ami, et atteins tes plus hauts sommets.

Car Dieu t'a richement béni.

En Son honneur, montre que tu L'as accepté dans ta vie.

Remercie-le toujours et agis pour Lui. »

**N'aime pas l'homme
de Dieu.
Il est homme et il
est imparfait.**

**Aime le Dieu dans l'homme.
Il est Dieu et il est parfait.**

POUSSIÈRE

Souviens-toi que tu es poussière

Et qu'à la poussière tu retourneras.

Mais en attendant, une vie nous est accordée,

Pour vivre et apprendre, trouver le bonheur et chanter Sa louange ;

Pour nous entraider et donner de l'amour comme il nous est
donné d'en haut ; Pour être bons les uns envers les autres,
renoncer aux rancunes et ne tourner le dos à personne.

N'humilie personne et ne trompe pas ton frère ou ta soeur.

Ne blesse personne sciemment dans ses sentiments
ou sciemment dans son corps.

C'est important, plus important que tu ne le sauras jamais.

La vie est le cadeau que Dieu nous a fait.

Comment nous la vivons, c'est le cadeau que nous faisons à Dieu.

Efforce-toi de trouver toutes les bonnes choses de la vie et transmets-les.

Fais savoir aux autres ce qu'ils ont fait de bien,
encourage-les et donne-leur une chance,

Une chance de se retrouver et de donner le meilleur d'eux-mêmes.

Par ta démarche et ton discours, montre que Dieu vit en toi,

Aie conscience des bénédictions qui pleuvent sur
toi, et ne considère rien comme acquis.

Count your blessings and take none for granted.

Regarde autour de toi, car la tâche est immense.

Car Il viendra comme un voleur dans la nuit.

On ne sait ni l'heure ni le jour.

Et à la fin, nous saurons tous ce que nous avons fait.

Et nous connaîtrons tous le chemin, et nous connaîtrons tous le pourquoi.

DROITURE

Quand on marche dans la lumière de Dieu, beaucoup ne comprennent pas.

Marcher dans la lumière de Dieu, c'est marcher dans la paix et le bonheur.

Marcher dans l'amitié et la confiance.

Ne te mets pas au-dessus des autres et ne te crois pas meilleur qu'eux.

Lorsque tu vois une personne en difficulté,
ne l'humilie pas, aide-la, cela aurait pu être toi.

Car la langue a le pouvoir de donner la vie ou la mort.

Exprime la vie à ceux que tu rencontres.

Sois droit, respectueux, et montre-le aux autres.

Va là où l'on a besoin de toi et apporte ton aide.

Reste jusqu'à la fin et n'abandonne pas.

Le simple fait d'être là pour les autres fait la différence.

Car la droiture, c'est le don, la bienveillance, le partage et l'amour.

Donner vraiment, c'est se donner soi-même.

Se soucier des autres, c'est le faire profondément.

Partager, c'est partager toujours.

Et l'amour véritable est toujours désintéressé.

Tu vois, l'amour qui vient du fond du cœur, le cœur le nourrit.

Et l'amour donné par colère nourrit cette colère.

Tâche de toujours ressembler un peu plus à Dieu.

Crois au bien et fais le bien, sois compréhensif et ouvert.

Tends la main aux autres et laisse-les te tendre la main.

Aime et sois aimé, car c'est le chemin de la justice.

Reste fort dans ta foi et sois reconnaissant.

Dis merci pour tout ce tu as reçu.

Partage l'amour et apprécies-en chaque minute.

Car c'est le don de Dieu.

Que la paix t'accompagne et que toute la beauté qui est en toi soit glorifiée.

Sois un bon larron et fais savoir aux autres que Dieu habite en toi.

Brille de toute Sa gloire et montre-la au monde.

VIENS AVEC MOI

Au-delà de la vallée de la colère, de la méfiance,
de la douleur, des déceptions et des chagrins d'amour,

Existe un lieu plein d'émerveillement et de joie.

Un lieu que l'argent ne peut pas acheter et qui n'a pas de prix.

Un lieu qui dépasse les frontières de l'homme
et plus beau que ce que le monde peut offrir.

Un lieu où les cœurs s'épanouissent
et où les rires sont portés par le vent.

Un lieu de paix et de tranquillité, de chaleur et de tendresse.

Un lieu où chaque jour est inondé de larmes de joie et de sourires.

Je peux te montrer cet endroit dont les gens ne peuvent que rêver
ou le décrire dans une chanson.

Je peux te faire découvrir cet endroit qui dépasse tes plus grands rêves
et satisfait tes émotions les plus profondes.

Cet endroit où on peut s'épanouir et devenir le meilleur de soi-même.

Laisse-moi te montrer pourquoi chantent les oiseaux et coulent les rivières.

Pourquoi le soleil et la lune brillent.

Vois les étoiles scintillantes de l'univers reflétées dans l'éclat de tes yeux.

Fais l'expérience du pouvoir de l'amour et de la force de la foi.

Fais l'expérience d'une vie de paix intérieure et de bonheur.

Abandonne tes peurs, mets-les en veilleuse et viens avec moi.

Car c'est en toi que se trouve le cadeau, tu dois le chérir.

Fais l'expérience du plus beau des cadeaux dans un monde
qui dépasse les horizons de l'homme.

Là où les sentiments sont la force motrice et
où les émotions nourrissent l'âme.

Là où la vie est une merveille, le bonheur est éternel,
éternelle la joie, éternelle la paix, éternel l'amour.

Pour l'éternité.

« *Quelle splendeur, tout ce qu'on voit quand on ouvre son cœur.* »

LES ENFANTS, LES BIENHEUREUX

Un petit garçon voulait offrir un cadeau à Dieu et n'en avait pas.

Il pleura et un vieil homme entendit ses larmes et lui demanda :

« Pourquoi pleures-tu ? »

« Je ne suis qu'un petit garçon. Qu'ai-je à offrir à Dieu ?

J'aimerais être comme vous qui avez tout. »

Le vieil homme lui répondit : « Ne pleure pas mon petit.

Tu es le cœur du monde, notre perfection commune.

Car tu es dénué de colère et de ressentiment.

Tu aimes sans condition, et tu n'as pas peur.

Tes cris sont tels des petits bébés en manque d'affection et d'amour.

Tu cherches à apprendre et tu es prêt à partager.

Tu n'es pas rancunier et tu es très compréhensif.

*Tes sourires sont lumineux et chaleureux et tes
pensées aussi pures que la neige.*

Tes yeux scintillent de bonheur et ta voix est magique.

Car même les cœurs les plus durs des hommes écouteront un enfant.

Nous regardons dans vos yeux et nous y voyons de la joie.

Nous regardons dans vos cœurs et ressentons l'amour qui s'y trouve.

Nous devrions être comme vous, les enfants,
des artisans de la paix dans le monde.

Tu vois, tu n'as pas encore appris les péchés du monde,
et tu es sans tache.

Non, ce n'est pas à vous de nous ressembler,
mais c'est à nous de vous ressembler.

Vous êtes le cadeau que Dieu nous fait.

Et nous devrions nous entourer d'enfants, car vous êtes les bienheureux.

C'est nous qui devrions apprendre de vous.

Comment le sais-je ? »

« En vérité je vous le dis, si vous ne vous convertissez pas
et si vous ne devenez pas comme des petits enfants,
vous n'entrerez pas dans le royaume des cieux. » (Matthieu 18:3)

RESTAURATION

Dans chaque être vivant vibre un esprit de liberté.

Mais l'esprit est bridé par la confusion qui règne dans le monde.

Nous semblons avoir perdu tout ce qui nourrit
notre esprit et notre âme se meurt.

Foi, espoir, fierté, nous ne rêvons même plus
et où sont passés notre honneur et notre respect ?

Avoir la foi, c'est croire à ce que l'on ne voit pas encore.

Avoir foi en soi, c'est désirer aller plus loin.

Avoir foi en Dieu, c'est savoir que lorsque l'on
atteint son but, Dieu l'atteint aussi.

L'espoir, c'est la croyance en ce que l'on demande.

L'orgueil est une attitude à l'égard des choses
que l'on voit en soi et autour de soi.

Les rêves sont les désirs et la vision d'un jour meilleur.

Ils sont les fruits de notre force.

Le désir de construire un endroit meilleur et la vision d'un jour plus heureux.

Car sans vision, nous périssons.

L'honneur, c'est d'exalter son père, sa mère, son frère
et sa soeur, et de marcher avec dignité.

Le respect, c'est ne pas se rabaisser ou rabaisser les
autres, car nous sommes les enfants de Dieu.

Et de respecter ce qui ne nous appartient pas.

Nourris ton âme et tu vivras en paix.

Nourris le monde et tu vivras dans la confusion.

Ne regarde pas ce que les autres ont atteint dans le monde
et ne te juge pas en conséquence.

Mais regarde dans ton cœur et vois la beauté
qui est en toi, et laissez-la croître.

Car à quoi bon gagner le monde en perdant son âme ?
On ne peut pas emporter le monde avec soi.

Exprime-toi, sois un esprit libre et heureux,
donnant de l'amour où que tu ailles.

Souviens-toi que chaque être vivant vibre un esprit de liberté.

C'est pourquoi, en observant le monde, nous pleurons parfois.

DIEU PARLE

Ouvrez votre cœur et écoutez ces paroles.

Car je vous apporte une connaissance de la plus haute essence.

Au fond de vos cœurs, il y a une voix qui vous parle chaque jour.

Laissez-la se faire entendre et vous guider à tout moment,
car cette voix, c'est Dieu.

Car il est avec vous en esprit et en amour,
et il se tiendra à vos côtés et vous guidera dans tout ce que vous ferez.

Et n'oubliez jamais qu'à l'heure la plus grave et la plus,
vous n'êtes pas seuls.

Et Dieu dira :

« Je vous aime, mes enfants, car j'ai versé mon sang pour vous sur la croix.

Suivez-moi, car je suis la lumière et le chemin.

Je vous apporterai la paix, le bonheur et la vie éternelle.

Je vous ai créés à mon image, et tout ce qui s'y trouve,
ne le détruisez pas.

L'eau que vous buvez,

L'air que vous respirez,

Les fleurs que vous voyez,

Les étoiles qui éclairent la nuit.

Ces choses sont dans le jardin, chérissez-les,
voyez et aimez mon travail, il est pour vous.

Connaissez-vous vous-même, et aimez-vous les uns les autres dans la paix,
car le bonheur est dans l'amour.

Lorsque deux ou plusieurs se réunissent en mon nom,
je suis parmi eux.

Je vous ai faits tous différents et pourtant identiques.

Car vous n'êtes pas enfants des ténèbres,
et vous n'êtes pas enfants de la nuit.

Vous êtes tous enfants de la lumière.

Vivez et chérissez la vie, car elle vous est donnée
pour que vous soyez mes témoins.

Partagez votre amour avec tous ceux que vous rencontrez,
car cet amour, c'est moi.

Apprenez la vérité et transmettez-la, car je suis Un.

Levez les mains et louez-moi, car je vous ai montré le chemin
et vous ai donné le choix.

Cherchez-moi d'abord dans tout ce que vous faites,
car c'est moi qui vous conduirai.

N'ayez pas peur d'aller dans le monde en mon nom.

Car je suis avec vous pour toujours,

Paix.

VA VERS LUI

Quand les choses se gâtent

    Et qu'autour de toi, tout

        semble s'effondrer.

            Tu as l'impression que le monde est contre toi,

                Que tu ne peux pas gagner tu veux

                abandonner.

Va vers Lui.

Tes rêves et tes espoirs se sont évanouis et tu as

    perdu toute motivation.

        Personne ne comprend ce que tu ressens et pourquoi, et

           tu n'as nulle part où aller.

Va vers Lui.

Tu cherches à l'intérieur de toi-même

    et il semble qu'il n'y ait rien.

        Tu es devenu si froid que tu trouves des défauts à tout

           ce qui t'entoure.

Va vers Lui.

Tu attends un miracle,

    et que monde t'ouvre les bras.

Ça ne marche pas comme ça.

Ça ne marche pas comme ça.

Pourquoi penses-tu que personne

    ne te comprend ou se soucie de toi ?

      Et tu t'interroges,

        « Quelle est ma place, où dois-je aller ? »

As-tu vraiment oublié,

As-tu vraiment oublié où aller ?

Tu te souviens que quelqu'un a dit un jour :

  « On se fait sa place dans le monde. »

    Mais tu te souviens aussi qu'un autre a dit :

      « Il y a une place pour toi dans le monde. »

      Les choses semblent aller de travers,

        tu as l'impression d'avoir tout perdu

        et de n'avoir nulle part où aller.

          C'est alors que tu te détournes de Dieu,

          et ton monde devient sombre et vide

et ton monde devient sombre et vide

que personne n'a envie de te côtoyer.

Si seulement tu pouvais te rappeler où aller.

Si seulement tu pouvais te rappeler où aller.

Tout se passerait bien.

Ne penses-tu pas que ta vie vaut la peine d'être sauvée ?

TU DOIS ME LAISSER UNE CHANCE

« Mon Dieu, j'ai eu tant de problèmes dans ma vie.
Il paraît que "la vie est un bol de cerises, la vie est ce qu'on en fait".

Mais regardez ma vie, Dieu, regardez-la.
Je prends de la drogue, j'en vends aussi.

La drogue m'a montré un monde incroyable.
Quelle sensation merveilleuse !

Et j'en vends, pour que d'autres puissent ressentir la même chose.

J'achète des voitures et j'ai des bagues en or à mes doigts.
Et à mon cou, des chaînes à n'en plus finir.
Je peux tout acheter !

On me dit que « l'argent compte plus que tout » mais plus j'en ai, plus j'en veux.
En a-t-on jamais assez ?

Ma vie est pleine de hauts et de bas.
Je guette constamment les ennuis par-dessus mon épaule.

Regardez autour, ils sont partout, partout, ne le voyez-vous pas ?
J'ai peur, mon âme pleure et je ne sais pas pourquoi.
Je ne suis pas heureux, je ne le suis pas.

On dit que vous êtes la réponse, Dieu.

La vie que je mène est-elle votre réponse pour moi, ou m'avez-vous simplement oublié

? »

Et l'Éternel répondit :

« Prends ta main, mon fils, et lève les yeux, car je ne t'ai pas oublié.

Je sais ce que tu endures et je te pardonne.

Les choses que tu chéris dans ce monde sont temporaires, je suis éternel.

Car il existe un monde au-delà de tes rêves les plus fous,

Auquel nulle drogue ne peut te conduire.

Une monde de paix et de joie.

Un monde de bonheur et d'amour.

Les trésors du ciel dépassent tout ce que l'argent peut acheter.

Cherche au fond de ton cœur, de ton esprit, et écoute mes paroles.

C'est en toi que tu trouveras ta force.

N'aie pas peur et ne pleure plus.

Je suis avec toi.

Lève-toi et crois en moi.

Laisse-moi te montrer un monde le plus beau que tu ne peux l'imaginer.

Car je t'ai aimé la première fois et je t'aimerai toujours.

Rentre à la maison. »

QU'EST-CE QUE L'AMOUR ?

L'amour est Dieu et Dieu est Amour.

L'amour vient du plus profond du cœur, crois-y.

L'amour véritable est un amour éternel

L'amour véritable est inconditionnel, sans règles, sans frontières et sans limites.

L'amour véritable rend le monde plus lumineux,
les espoirs plus solides et la vie plus belle.

L'amour, l'amour pour l'amour, du fond du cœur.

L'amour ne démolit pas, il construit.

L'amour n'enlève pas, il ajoute.

L'amour ne rend pas faible, il rend fort.

L'amour fait ressortir ce qu'il y a de meilleur
en nous, et non ce qu'il y a de pire.

L'amour donne la raison et les réponses.

L'amour nous fait prendre conscience de la beauté de la vie qui nous entoure.

Le chants des oiseaux le matin. Le vent qui souffle dans les arbres.

Les étoiles dans la nuit, la lumière de la lune.

Le coucher du soleil, le ciel bleu et clair
et les montagnes qui s'élèvent jusqu'à lui.

Et soudain, on se rend compte de la beauté des créations de Dieu.

N'es-tu pas toi aussi une création de Dieu ?

Cet amour,

L'amour véritable, fait toute la différence dans le monde.

ET L'ÉTERNEL DIT

Et l'Éternel dit :

« Regarde les empreintes que tu laisses derrière toi

En les suivant, atteindrait-on le bonheur et la paix ?

Ou sont-elles les empreintes d'un esprit colérique qui ne mène nulle part ?

Repense à toutes les épreuves que tu as traversées
et vois où tu en es aujourd'hui.

C'est la grâce qui t'a sauvé et t'a permis de t'en sortir.

Inscris-le dans ton coeur, fais-en témoignage.

Laisse la lumière de ton esprit briller et influencer ceux qui t'entourent

Laisse-les voir le Dieu vivant en toi, afin qu'ils
apprennent eux aussi à voir la lumière.

Montre-leur les merveilles de la lumière et la beauté qu'elle renferme.

Tu ne peux le faire qu'en étant dans la lumière de Dieu.

Car le chemin qui mène à la destruction est large
et semé d'empreintes de pas.

Mais le chemin de la justice est étroit et on y croise
peu de voyageurs.

Tu es ici pour servir un but, mon but.

Tes meilleurs jours ne sont pas derrière toi, mais
devant toi, et ils sont encore à venir.

Car je suis la lumière, la foi en moi est la vie éternelle,
le salaire du péché, c'est la mort.

Marche dans ma lumière et ouvre ton coeur à tout ce qui t'entoure.

Car les exemples que tu donnes te suivront tous les jours de ta vie et au-delà,

et tu devras en rendre compte.

Change les choses dans la vie de ceux qui t'entourent,
montre-leur le chemin, vas en paix.

Suis les pas que j'ai tracés devant toi et tu n'échoueras pas.

Reste sur le chemin et dans la lumière, car je te protégerai toujours. »

NE CHERCHE PAS À TE
VENGER DE CEUX QUI
T'ONT FAIT DU MAL.
ATTENDS PAISIBLEMENT
EN GARDANT LA FOI.

« À MOI LA VENGEANCE »
DIT L'ÉTERNEL

CAR LE JOUR VIENDRA
OÙ ILS TOMBERONT ET
OÙ TU TE RELÈVERAS.

QUE PEUT LA PRIÈRE ?

La prière peut faire des miracles.

C'est la prière qui libéra les Israélites du pays d'Égypte.

C'est la prière qui éloigna les lions de David.

C'est la prière qui peut sauver chaque pécheur en ce monde.

La prière ce que notre coeur peut adresser de plus fort à Dieu.

Et c'est le seul moyen d'atteindre Dieu pour lui parler.

*Car c'est par la prière que la force nous est donnée
pour surmonter tous nos problèmes, petits ou grands.*

La prière est source de connaissance et apaise l'âme.

DANS CE MONDE, PERSONNE NE RÉUSSIT SEUL.

SI TU LE BÂTIS,
IL VIENDRA

Si tu le bâtis, Il viendra.

Qu'il soit haut et fort, comme les piliers de Rome.

Que ses murs aient des portes, pour que tous puissent entrer.

Bâtis-le sur la pierre
car c'est sur la pierre que repose ta foi.

Qu'il soit énorme, car il y a tant à donner.

Si tu le bâtis, Il viendra.

Mets-y de l'amour,

Mets-y de l'attention,

Mets-y de la compréhension,

Mets-y de la Bonté,

Mets-y de la patience, car la patience est une vertu.

Si tu le bâtis, il viendra.

Enlève la haine,

Enlève l'avidité,

Enlève l'orgueil,

Enlève l'envie, car ces choses corrompent.

Si tu le bâtis, Il viendra.

Ouvre la fenêtre, afin que tous puissent voir à l'intérieur.

Retire les ombres de la colère, brille.

Ouvre la porte, que tous soient les bienvenus.

Supprime les clôtures, car elles empêchent non seulement les gens d'entrer, mais aussi de sortir.

Si tu le bâtis, Il viendra.

Toutes les tempêtes ne prévaudront pas contre toi,

Et les tracas de la journée ne seront que les tracas de la journée.

Ouvre le toit et regarde en haut, car c'est là que se trouve ta force.

Si tu le bâtis, Il viendra.

Si tu bâtis ton coeur dans l'amour, Il viendra.

ÉLÉVATION

Dans la vie, on rencontre tant de paumés,
en colère contre eux-mêmes et le monde.

Ils traitent les autres comme s'ils n'étaient rien et n'ont
aucune considération pour leurs sentiments.

Ils nous blessent et la douleur est très profonde, parfois durable.

Nous nous mettons parfois en colère à leur sujet et, si
nous n'y prenons pas garde, nous commençons à haïr comme ils haïssent.

Nous devenons alors comme eux et nous blessons
les innocents, ceux qui nous aiment le plus.

Ensuite, ils sont eux-même blessés et apprennent
à haïr, et le cercle se poursuit.

La chaîne de la haine s'allonge de plus en plus.

Quand cela s'arrêtera-t-il ?

Ne t'énerve pas contre lui et ne lui en veux pas.

Élève-toi au-dessus de tout cela.

Tu ne sais où son chemin l'a conduit.

La douleur qu'il a encaissée, les larmes, les problèmes qu'il a rencontrés.

Ce sont ces choses qui font de lui ce qu'il est.

Et le monde est plein de gens comme ça, c'est là que réside la différence.

Élève-toi au-dessus de tout cela.

Le monde est un endroit magnifique.

Les hauts et les bas de notre vie nous aident à
nous construire et à nous façonner.

Ne garde pas cette colère avec toi, elle ne fait que t'enchaîne et te freiner.

Abandonne les choses qui te mettent en colère et souris.

Car de nombreux jours à venir seront remplis de joies et de bonheur.

Prends part à la bonté de la vie et profite de la richesse qu'elle a à offrir.

Car lorsque les oiseaux chantent le matin, réveillant un nouveau jour,
le soleil se lève à nouveau pour nous réchauffer
tous, les bons comme les mauvais.

Il faut en prendre conscience, et transmettre cette chaleur
partout où nous allons, aux bons comme aux mauvais.

Briser le cercle et les chaînes de la haine.

Et nous élever au-dessus de tout cela.

TON TRAVAIL OU LA
SOCIÉTÉ NE PEUVENT
PAS TE DIRE QUI TU ES.

TU ES CE QUE DIEU
DIT QUE TU ES.

TU ES MON ENFANT
ET JE NE TE
QUITTERAI OU

NE T'ABANDONNERAI
JAMAIS.

LE CŒUR

Le coeur ne connaît pas la colère.

Le coeur ne connaît pas la vengeance.

Le coeur ne connaît pas la haine.

Le coeur ne connaît que la paix,

L'amour et Dieu.

Et s'il en est privé

Il pleure

Comme tu pleures à présent.

SOLITUDE

Lorsque le soleil tomba du ciel, une étoile se dressa contre la mer.

Un bateau en papier fabriqué par un petit garçon gît sur une plage vide.

Dans le désert, un scorpion marche, une feuille vole dans le vent.

Une image dont les yeux ne se ferment jamais, le
vent du Nord qui toujours néglige l'Est.

Des fleurs se fanent parce que le soleil dort dans les nuages.

Un homme avec une idée que personne ne comprend.

Un oiseau dans le ciel, un ver sur le ciment juste après la pluie.

Un ours dans une cage de verre, un lion dont le royaume a disparu.

Un glaçon sur la cuisinière chaude, une abeille piégée dans un bocal.

Un nouvel élève dans une vieille école, une seule lune, un seul soleil

Le brouillard recouvre la nuit et dans la rue, la lumière du lampadaire
s'atténue.

SI SEULEMENT
TU REVENAIS

Si seulement tu voyais le bonheur qui fut le nôtre.

Si seulement tu voyais la beauté que nous avons construite ensemble.

Si seulement tu voyais la douleur et la destruction
que tu as laissées derrière toi.

Comment en trouver une autre comme toi, n'importe où, comment ?

Comment aimer aussi bellement et aussi fort, après toi, comment ?

Comment regarder vers demain sans espoir, sans bonheur ?

Sans toi, je ne le peux.

Sans toi, la vie n'est qu'une succession de secondes sur une horloge.

Tu m'as donné la force et le bonheur.

Tu m'as montré l'amour le plus profond.

Tu as donné à ma vie la peine d'être vécue, tu l'as justifiée.

Si seulement tu voyais ce qui m'arrive.

Tout serait parfait, si tu revenais…

Tout serait parfait, si tu revenais…

I - 2 - 3 - I

Les gens disent que, blessé par quelqu'un qu'on aime,
il ne faut pourtant pas cesser d'aimer,

Qu'il faut apprendre, et chercher quelqu'un d'autre et l'aimer davantage.

Quelqu'un m'a fait très mal.

Je suis donc passé à quelqu'un d'autre en pensant avoir appris quelque chose.

Au départ, je ne voulais pas trop m'impliquer avec elle.

Mais elle était bonne et semblait juste.

Je lui ai donc dit gentiment que je l'aimais, et
les choses ont commencé lentement.

J'avais peur de laisser croître cet amour,
car s'il devait aboutir à de la souffrance, ce serait pire.

Mais elle m'a beaucoup donné, et m'a toujours dit qu'elle m'aimait,

Et qu'il n'y avait personne d'autre,

Puis un vieux sentiment lui est revenu à son sujet, et maintenant...

Maintenant ne sait plus ce qu'elle ressent pour lui.

Elle sait qu'elle l'aime toujours, mais ne sait pas à quel point.

S'agit-il d'amour ou des cendres encore chaudes d'un vieux sentiment ?

Je ne le saurai jamais !

Elle m'a dit qu'elle m'aimerait toujours quoi qu'il arrive, mais
Si elle l'aimait aussi, de quel genre d'amour s'agit-il ?

Peut-on aimer deux personnes en même temps ?

Je ne sais pas.

Au début, j'étais le seul, puis nous fûmes deux.

Alors, j'ai attendu qu'elle se décide.

Je lui ai donné un amour qu'une autre avait déchiré.

Nous passions des heures ensemble à parler, à rire et à aimer.

Nous semblions vraiment nous comprendre,

Pas seulement par les mots, par les sentiments aussi.

Mais je crois que ce n'était pas suffisant.

Assis devant sa photo, je me demandais

Si je voulais l'embrasser ou l'écraser.

Comme si on me faisait le même mal à nouveau

Mais lentement.

Comme si j'étais hanté,

Et j'ignore pourquoi.

Combien de temps pourrais-je tenir ainsi,

Toujours blessée par l'amour ?

L'amour tuera-t-il mes sentiments, ou

Quand tout cela sera fini

Si cela se finit,

Me restera-t-il assez d'amour pour ne pas écraser une rose ?

IL EST DIFFICILE
DE ROMPRE

Dans la vie, vient un moment

Où il faut se séparer

De la chose que l'on aime

Tes rêves sont devenus des cauchemars

Tu peux bien t'accrocher aux souvenirs, ils ne reviendront pas

Un jour, tu te rendras compte que le temps

Vous a changé tous deux et qu'il faut lâcher prise

Car sinon

Ils pourraient te tuer en essayant de se libérer

JE PENSE À TOI

Je pense à toi comme à une étoile, guidant mes rêves par sa lumière.

Je pense à ton sourire, source de confiance.

Je pense à ta beauté plus charmante que celle d'une fleur.

Je pense à tes bras qui m'entourent, si chauds et si doux.

Je pense à une déesse et c'est toujours ton image qui s'impose à mon esprit.

Je pense à tes rêves qui sont les miens.

Je pense à notre amour, chaleureux et

beau.

Je pense à toi et moi, car ensemble il n'y a rien que nous ne puissions faire.

PLUS QU'ASSEZ

J'ai passé ma vie à l'aimer.

Je lui ai tout donné, mon temps, mon énergie, mon amour et ma personne.

Je lui aurais donné le monde si elle l'avait demandé.

Des rues pavées d'or, la lumière scintillante des diamants et un château dans le ciel.

Des îles paradisiaques avec des chutes d'eau d'un bleu pur.

Je rêvais de mettre l'univers à ses pieds et de lui faire une couronne d'étoiles qu'elle porterait sur sa tête.

Plus brillante que le soleil, plus haute que le soleil, plus chaude que le soleil, car elle était le soleil et plus encore.

J'ai consacré ma vie à lui donner le bonheur et la paix.

J'ai consacré ma vie à réaliser ses rêves.

J'ai consacré ma vie à l'aider à atteindre ses objectifs.

J'ai passé toute une vie de malheur à l'aimer.

LA COLOMBE DE L'AMOUR

Quelle drôle de chose que l'amour.

Elle a pour symbole un oiseau, la « colombe blanche ».

Comme l'amour, il est silencieux et vole à son gré dans le vent.

Cet oiseau n'est beau que pour ceux qui croient
que l'amour n'est pas un péché.

Nul ne sait jamais quand la colombe se posera sur lui.

Pour la faire fuir, un « BOUH ! » ne suffit pas.

Un jour, elle s'est posée sur mon épaule, je l'ai
nourrie, caressée et gardée au chaud.

Au début, je la trouvais très belle, puis
elle a réagi comme une violente tempête.

Elle m'a mordu et j'ai commencé à avoir mal, j'ai commencé à pleurer.

Puis elle s'est envolée et m'a laissé tout seul.

Quelle drôle de chose que l'amour.

QU'EST-CE QUI TE FAIT PLEURER ?

*Les gens disent que, blessé par quelqu'un que l'on aimait
beaucoup, il ne faut pas cesser d'aimer.*

*Il disent que la souffrance est source d'un enseignement sur nous-même
et qu'elle nous fait grandir.*

*Ils disent que la souffrance fait sentir une part
de soi dont on ignorait l'existence.*

*Ça fait mal, ça fait pleurer, on a l'impression d'être comme la lune :
visible aux yeux de tous, mais désespérément seule.*

*La souffrance nous vide de l'intérieur (du moins le pense-t-on) et
brise nos rêves sous nos yeux.*

Pourtant, ce n'est pas la perte de l'être aimé qui fait si mal,

*Mais le fait de pleurer à cause d'une personne qui nous rendait
si heureux.*

 AMOUR

Ce fantôme ne semble jamais quitter mon âme.

Il hante un nouveau coeur émietté voletant dans la neige.

Il erre dans les couloirs de mes souvenirs, pour toujours.

Il fait monter des larmes douloureuses sans que jamais elles ne coulent.

Souvent, je pense qu'il n'a laissé que ma tombe vide et froide.

Et je tends la main vers le monde et le trouve également vide et froid.

L'écho des passions et de l'amour me dit d'ouvrir à nouveau mon coeur,

Pour y plonger à nouveau, se jouer de moi, me
dépouiller et me mettre en pièces.

Enchaîné à moi, il rit hideusement et me fait atrocement mal.

Il me rappelle ce qui m'arrivera une fois de plus.

L'AMOUR NE CONNAÎT SA PROFONDEUR QU'À L'HEURE DE LA SÉPARATION

JE SAIS

« Un amour perdu vaut mieux que celui que
l'on n'a jamais éprouvé » dit-on.

Ces mots ne cessent de m'interroger.

Est-il préférable d'avoir aimé et perdu ?

Lorsqu'on aime quelqu'un et qu'on le perd après l'avoir tant aimé,

La douleur est telle qu'on voudrait ne plus jamais ressentir.

On pleure, avec le sentiment d'avoir tout perdu.

On se sent seul et minuscule.

Personne ne voit les larmes du coeur avant qu'elles ne montent au cerveau
et coulent ensuite des yeux.

Est-il préférable de ne jamais avoir aimé ?

De ne pas ressentir cette douleur, d'ignorer ces larmes ?

Je sais que « j'ai aimé et j'ai perdu » trop souvent.

UNE VIE SAUVÉE

Tu vins à moi à un moment où je ne représentais rien pour moi.

J'étais seul et perdu dans un brouillard de néant.

*L'écho des cris d'amours mourantes et de coeurs brisés tournaient
autour de moi et me traversaient jusqu'à devenir une partie de moi*

*Je n'étais plus fier et fort, mais j'étais réduit
à rien d'autre que ce qui me donnait de la force.*

Tu me souris et tu me donnas la main.

*Tu dis « Je suis », tu me dis « Tu peux »
et « Ne laisse personne te dire le contraire ».*

Et tout changea car tu m'aidas à voir

Que je pouvais, et pourrais toujours.

*À cet instant de ma vie, entre deux transitions,
tu m'offris quelque chose de spécial que je n'oublierai jamais.*

Tu es une part très spéciale de moi et très spéciale dans ma vie, pour toujours.

#

Montre-moi ton amitié pour que j'apprenne à te connaître.

Montre-moi ta confiance pour que je puisse te faire confiance.

Montre-moi ton bonheur pour que je puisse être heureux.

Montre-moi ta tendresse pour que je puisse être doux.

Montre-moi que tu te soucie de moi pour que je m'en préoccupe.

Montre-moi qui tu es pour que je puisse te montrer qui je suis.

Montrons-nous mutuellement de l'amour, aimons à notre façon.

UNE ÉTOILE

Je vois une étoile si claire et si brillante

au-dessus de mes rêves.

Sa lumière brille toujours au-dessus de tout

et me fait briller à mon tour.

Parfois je la crois mienne,

Souvent j'aimerais être elle.

Une galaxie d'étoiles regroupées

En une étoile que je vois.

Une étoile

Une seule étoile

Et je pense à toi.

ELLE EST TOUT,
ET LE RESTE

Ses yeux brillaient comme des diamants sur le sable, baignés de soleil.

Son sourire était chaleureux et joyeux.

Sa peau était si lisse que les roses en auraient rougi.

Ses cheveux étaient doux et bouclés.

Elle marchait comme une reine, si belle et si fière.

Sa voix était douce et tranquille et lorsqu'elle me
parlait, cela me réchauffait à l'intérieur.

Ses rires étaient joyeux et ses pleurs comme de
douces gouttes de rosée tombant du ciel.

Si douce, si chaude, si naturelle.

Quand elle me regardait, me souriait et me parlais,

Je fondais comme du beurre.

Car elle était et reste l'incarnation de la beauté.

L'AMOUR CONTEMPLÉ PAR LA FENÊTRE

Chaque fois que je te vois, je veux être avec toi.

Ton sourire est chaleureux et doux.

Le scintillement dans tes yeux me rappelle les étoiles.

Rien sur terre n'égale la douceur de tes cheveux,

Ni celle de ta peau.

Tu marches avec style et élégance.

Tu es la femme que les femmes veulent être,
et celle que les hommes veulent avoir.

Un homme n'a besoin que d'une femme, et une
femme n'a besoin que d'un homme.

Tu es belle à mes yeux et je te respecte beaucoup.

Tout ce que tu fais, je le contemple simplement parce que tu le fais.

Tu es adorable pour moi, et j'aimerais que tu le sois encore plus.

Que tous les jours qui t'attendent soient meilleurs
que ceux que tu laisses derrière toi.

Pour l'instant, je me contente de te regarder par la fenêtre
en espérant qu'un jour tu me verras aussi.

Car tu m'as permis de voir la beauté en couleurs vivantes.

IL SUFFIT DE REGARDER

Regarde comme ses yeux brillent, car ils sont les fenêtres de son âme.

Regarde son sourire lorsqu'elle te regarde.

Regarde sa démarche, est-elle élégante ou audacieuse ?

Regarde-la te tendre la main, est-ce par amour ou par avidité ?

Regarde comment elle te tient, est-ce pour t'embrasser ou te contraindre ?

Regarde comment elle t'aide, est-ce que c'est seulement
après que tu l'aies aidée en premier,

ou est-ce que cela a de l'importance ?

Regarde comment elle se tient, à côté de toi, avec toi ou contre toi ?
Regarde-la te suivre ou se détourner.

Est-elle prête à t'aider ou à te laisser tomber ?

Regarde, regarde.

Regarde ce qu'elle fait et pas toujours ce qu'elle dit.

Parce que les actes sont plus éloquents que les mots.

Cherche Dieu dans son coeur et dans ses yeux.

Car si elle ne peut pleurer pour Dieu, comment pleurerait-elle pour toi ?

Regarde comment elle traite les autres, car c'est ainsi qu'elle te traitera.

Regarde ce qu'elle voit en toi, voit-elle ce que tu es aujourd'hui,
ou ce que tu pourrais être, ou ce que tu devrais être ?

Parce que tu devrais pas être autre chose que ce que tu es.

Regarde-la, se respecte-t-elle ? Si non, comment pourrait-elle te respecter ?

Regarde sa vie, vit-elle pour Dieu ou pour le
monde ? On ne peut pas avoir les deux.

Regarde et vois ce qui est important pour elle, est-ce elle-même ?

En la regardant, n'aime pas ce que tu vois.

Mais regarde en elle et aime ce que tu ressens.

Car l'amour le plus fort est celui qui se passe de mots.

SOUS LA CROIX

Je la vis la première fois dans le lieu le plus sacré.

Elle se tenait sous la croix, si belle et si vive.

J'entendis sa voix et je compris à cet instant qu'elle était vraiment bénie.

Sa voix était bénie par les anges qui l'entouraient.

Sa beauté était celle d'une rose, magnifique et aux pétales si doux.

Et je songeai :

Me voilà reparti sur la seule route de l'amour, une route que j'ai déjà empruntée à maintes reprises.

Est-elle réelle comme elle semble l'être, comme une rose élégante.

Est-elle celle qu'il me faut, l'achèvement de mon cercle ?

Ou bien n'est-elle qu'en plastique, l'illusion de la beauté sous la croix ?

Dans ce cas, comme dans tous les autres, le temps le dira et c'est là toute la difficulté.

Le temps répond à toutes les questions, toujours, quoi qu'il arrive.

LA LUTTE

La lutte est l'essence même de l'être.

Car sans lutte,

Il n'y a pas de but.

Sans but,

Il n'y a pas de sens, pas de moteur.

Sans moteur, il n'y a pas de rêves.

Sans rêves, nous dépérissons.

Si un problème semble ne pas avoir de solution, la compréhension du problème

Est parfois la solution.

Si tu as du ressentiment, fais la paix avec.

Si tu as de l'avidité, renonces-y.

Désire la bonté dans la grâce.

Si tu as une bataille à mener, mène-la

Car plus grande est la bataille, plus grande est la victoire.

Relève tes défis et renforce ta foi.

Lorsque tu as une croix à porter, c'est ta croix.

Porte-la.

Lorsqu'on se trouve à la croisée des chemins, il faut les traverser.

C'est ainsi que l'on apprend.

Sans vallées, il n'y aurait pas de collines.

Lutter n'est pas censé vous briser mais vous construire.

Crois au bien, fais le bien et souviens-toi :

Heureux celui qui lutte,

Car il sera consolé.

« Et très bientôt, un jour, tu pourras dire :
« Et je me souviens quand ».

MA PAROLE

Ma Parole est en toi, pourquoi cries-tu et pleure-tu ainsi ?

Ce n'est certainement pas pour moi ?

Ne leur dis pas que je suis en toi. Laisse-les me voir en toi.

Je t'ai donné ta marche pour que tu puisses marcher dans Ma Parole.

Je t'ai donné ta voix pour que tu parles dans Ma Parole.

*Je t'ai donné des bras pour que tu puisses tendre
la main et t'appuyer sur Ma Parole.*

Je t'ai donné des yeux pour que, lorsque les gens les regardent,

Ils voient Ma Parole.

Je t'ai montré le chemin qui te conduirait à Ma Parole.

Je t'ai donné des tribulations pour te fortifier, dans Ma Parole.

Car la grâce n'est pas pour les prompt, ni le combat pour les forts.

Mais la victoire est d'endurer jusqu'à la fin.

Je t'ai donné un cadeau à partager avec le monde, dans Ma Parole.

Je t'ai donné un miracle, la vie elle-même, pour que tu vives dans Ma Parole.

Je t'ai donné l'amour, l'amour à partager, dans Ma Parole.

Car au commencement était Mon Parole, et Ma Parole s'est faite chair.

Ce n'est pas eux qui croient en toi, mais toi qui crois en Moi.

J'ai mis Ma Parole en toi, et Ma Parole est la lumière,

Et cette lumière est en toi.

Et lorsqu'ils te regarderont et verront cette lumière en toi.

Ils Me verront.

Alors ils croiront en Moi à cause de la lumière qu'ils verront en toi.

JUSQU'OÙ
UN HOMME PEUT-IL
ALLER ?
AUSSI LOIN QUE SA
« FOI »
LE PORTERA.

A PROPOS DE L'AUTEUR

Duane E. Haynes, fils de Jimmilee et Elmer Haynes II, est né à Denver, dans le Colorado, dix minutes après son frère jumeau, Darrell, au sein d'une fratrie de cinq enfants. Sa vie a changé suite à une chute presque mortelle à l'âge de douze ans, qui l'a plongé dans le coma pendant trois jours. À son réveil, il se souvenait d'avoir été dans un endroit qu'il connaît maintenant dans son cœur comme étant le Paradis. Lorsqu'on lui en parle, il dit : « Dieu m'a tout montré du Paradis et de l'Amour, avant de m'instruire de ce que je devais faire. Il m'a donné un cadeau et m'a demandé de revenir dans le monde pour le partager avec les autres, afin qu'ils puissent trouver le chemin qui les mènera à Lui ». Il a commencé à écrire deux mois plus tard, attirant l'attention de tous ceux qui le lisaient et déconcertant ses proches. Sa perspicacité et sa profondeur dépassaient l'entendement à un âge si jeune. Pour certains, ses poèmes sont des prophéties, pour d'autres, le produit d'une intuition. Lui les voit simplement comme sa façon de partager son don. Il est passé par une période trouble en raison des remous du monde, et ses écrits d'alors témoignent de son désarroi.

Duane écrit désormais avec un nouveau cœur et une nouvelle perspective. Son amour pour Dieu et pour les autres est au centre de son ministère. Dans ses poèmes, il tente d'amener les gens à se regarder et à regarder les autres à travers l'œil de Christ, dans l'espoir de changer leur vie. Outre des poèmes primés et publiés au niveau national, il a écrit des articles, des pièces de théâtre. Il est notamment l'auteur du recueil Think About It (and You), *publié en 1973*

Parmi les distinctions reçues par Duane Haynes, citons Nominé pour « Meilleur livre de poésie non fictionnelle au monde » et « Meilleur livre de poésie inspirante non fictionnelle au monde » « Outstanding Man of the Century », « 100 Leaders of World Influence », « 2000 Outstanding Intellectuals of the 20th century » décerné par l'International Biographical Centre de Cambridge, en Angleterre, et « Who's who in the world, 2000 » décerné par Marquis, NJ. Il a également été honoré du titre de « Fellow » (FABI) et de « Order of international Ambassador » (OIA) par l'American Biographical Institute en Caroline du Nord, aux États-Unis, en 2000.

www.ingramcontent.com/pod-product-compliance
Lightning Source LLC
Chambersburg PA
CBHW040856120626
46551CB00001B/45